Pesado demais para a ventania

Ricardo Aleixo

Pesado demais para a ventania

antologia poética

todavia

Nota do autor 11

Língua lengua 13

Desde e para sempre

Qual deles morrerá primeiro? 17
Exu 23
Na noite calunga do bairro Cabula 24
Um dos muitos nomes dele 28
Obá Kossô 30
Mamãe grande 31
Continuação 32
Casa 33
Íris 34
Ogum 36
O peixe não segura a mão de ninguém 38
Ogum sonha 41
Tempo 42
Errata 43
Nanã 44
Homens 45
Álbum de família 46
Rainha onça 47
Pedra 48
Cantiga de caminho 49
Xangô 50
Língua 52
Teofagia 53
Nosso pai 54

Outros, o mesmo

Conheço vocês pelo cheiro **57**
Coisas **62**
Perspectivismo **63**
Rosto **64**
Bispo do Rosário **66**
Autofagia **67**
As únicas coisas **68**
Quem faz o quê? **71**
Fora o corpo **72**
Chuva **73**
O que vier eu traço **74**
Numa festa **75**
Outro, outra pessoa **76**

Ter escrito ainda não existe

Poética **79**
Paupéria revisitada **80**
Sobre escrever **81**
Isso que não se cansa de nunca ter chegado **83**
Re:provérbio **84**
Música mesmo **85**
Verbo **86**
Monstro **87**
Confidência **88**
Neste código **89**
Passagens **90**
Não totalmente francesa **91**
Enquanto lido **94**
The ballad of John & João **97**
Exílio **98**

Loa para um dia a mais **99**
Angústia sem influências **101**
Estação Primeira de Manhattan **102**
Teatro **104**
Einstein remix **105**
Travelling **106**
Com o Espírito das Coisas dentro **107**
Palavrear **109**
O poemanto: ensaio para
escrever (com) o corpo **112**
Consolatio **123**

O coração, meu limite

Um samba **127**
Grau zero **128**
Búzio **130**
Aqui **132**
Algo pesado **133**
Pouso **134**
Aquela **135**
Vão **137**
Brinde **138**
Voo noturno **140**
Barraco **142**
Amor **143**
Mulher livro **144**

Multidão nenhuma

Convivo muito bem com os cães da rua **149**
Labirinto **150**
Qualquer voz **152**

Lugar errado 154
Mulher ao volante 155
A doença como metonímia 157
Máquina zero 158
Fora da fotografia 160
Pampulha vista do ônibus 161
Brasília vista de perto 162
Antiode: Belorizonte 163

Queridos dias difíceis

Eu, militante, me confesso 169
Dor 170
Trívio 173
Devir 174
Fábula 175
Queridos dias difíceis 177
Chamado cavalo 178
Inferno 179
Monstra 180
Geral 181
Antiboi 182
Cabeça de serpente 183
New old criticism 184
Minha linha 185
A noite do que acaba 186
O que não se diz 187
Jongo 188
Brancos 189
Um ano entre os humanos 190

Meu negro 194

Para Íris, agora centenária, e Américo – ancestres.
Para Iná, Flora e Ravi – minhas alegrias.
Este livro é grato ao Tarso e à Aline.

Nota do autor

Para organizar este volume composto por textos extraídos dos títulos que lancei desde que estreei em livro, há exatos 25 anos, com *Festim*, dei asas à vontade de acolher, sem grande reflexão, os poemas que primeiro me viessem à memória. Era preciso, eu dizia para mim mesmo, evitar reler livro por livro, tarefa que só cumpro quando não é possível, em absoluto, ignorá-la. Tendo selecionado mentalmente um primeiro grupo de poemas, precisei de poucos minutos para me dar conta de que se tratava daqueles que há muito se fazem presentes no repertório das performances e leituras em voz alta que comecei a fazer com frequência desde o início da década de 1990 – o que talvez já demonstre, quando menos, um esboço de critério, dada a importância das intervenções públicas na definição da minha errática trajetória poética.

Com a preciosa colaboração de Leandro Sarmatz, escolhi para constar desta Antologia os poemas que se estruturam a partir de algumas das linhas que, tanto no plano técnico-formal quanto em termos de opções (obsessões?) temáticas, se entrecruzam na maior parte do que resulta das minhas tentativas de compor poesia. O desastre que é a experiência brasileira, do ponto de vista dos descendentes de africanos e dos pobres em geral, faz de boa parte desses poemas, a um só tempo, testemunhos e exercícios de resistência ativa, de celebração da vida-não fascista e do poema como um estado do pensamento e possível respiração. Força é dizer que me surpreende e alegra o fato de haver bons olhos e ouvidos receptivos a este meu jeito talvez "pesado demais para a ventania" de tocar o mundo.

Ricardo Aleixo

Língua lengua

yo
no
hablo
português
ni
brasileño
minha
lengua
es lo
pretoguês
¿
usted
fala
argentino
español
o o
quê
?
&

Desde e para sempre

Qual deles morrerá primeiro?

Você é pequeno
e procura seu pai nos velhos jornais

e revistas que ele e sua
mãe colecionavam

cada um por um motivo diferente
antes de se casarem

e que
depois foram dados a sua irmã

e a você
para que aprendessem

a gostar de ler.
Não é em todos os jornais e revistas

que você procura seu pai
apenas nos que

trazem reportagens
sobre Belo Horizonte.

Você se habituou a ler e reler
infinitas vezes

o mesmo jornal
e a mesma revista.

Por isso guarda detalhes
de reportagens lidas

há muito tempo. Seu pai também
é assim. Ele nasceu em Nova Lima.

Sua mãe também. Ele é muito velho
para ser

pai
de um menino. E

isso confunde
você.

Nova Lima fica perto demais
de Belo Horizonte

para ser considerada
outra cidade.

E é o lugar mais distante
para onde

você foi
na infância.

Aquele homem velho que é seu pai
poderia ser o seu avô.

Você que sempre
soube que os pais

de seus pais
morreram

antes de você nascer
sabe que o

homem é seu pai apesar de tão velho.
Sua mãe é quase tão velha

quanto seu pai.
Você procura o homem velho que é

seu pai nas fotografias
que ilustram reportagens

nos jornais e revistas
e não o

encontra. Porque ele
é um homem

absolutamente comum
e homens

absolutamente comuns
não têm suas fotos publicadas

nas páginas de jornais e
revistas

senão quando cometem algum crime.
Seu pai é honesto.

Homens honestos não
costumam ocupar

as páginas dos
jornais e revistas.

Você vai muitas vezes ao cinema
com sua mãe e sua irmã mas

ainda não descobriu
que pode

procurar
seu pai nas telas.

Talvez porque os filmes
que sua mãe escolhe para ver

com você e sua irmã
não tenham sido

feitos em Belo Horizonte
nem em Nova Lima

os dois únicos lugares onde ele
viverá a vida toda.

Você se lembra do tempo
em que você e sua irmã

de olhos fechados
saíam de

casa rumo à rodoviária e
tomavam

o ônibus para Nova Lima.
Algumas das melhores viagens

ao limite do mundo
em que Nova Lima se tornou

para você
foram imaginadas na cama

junto com sua mãe e sua irmã
depois que seu pai

saía para o trabalho.
A voz entre terna e tensa

de sua mãe conduzia vocês
por cada etapa do caminho

até a casa dos parentes.
Os três de olhos fechados.

Um dia sua mãe já
não se recordará

dessas viagens.
Nem de muitas outras coisas.

Ela deixará de lembrar
até de que se casou

com seu pai. Um dia.
E que fizeram dois filhos:

primeiro sua irmã
depois você.

Em certa noite
perturbada por trovões

e relâmpagos
você e sua irmã

conversam.
Assunto: os pais.

Qual deles morrerá primeiro?
Qual você

prefere que morra primeiro?
Nenhum dos dois.

E você? Um longo silêncio e
a pergunta muda.

Qual dos dois você
prefere que viva

para sempre? Nenhum
dos dois. Nossa mãe

diz que
ninguém fica para semente.

Exu

Primeiro
que nasceu,
último
a nascer.
Deus capaz
de ardis,
controlador
dos caminhos.
Elegbara,
parceiro de Ogum.
Barrete.
Cabelo pontudo
como um falo.
Dono dos oitocentos
porretes.
Oitocentos
porretes nodosos.
Senhor da fala
fácil.
Sopra a flauta
e seus filhos vêm.
Bará chega fungando.
O povo pensa
que é o trem
partindo.

Na noite calunga do bairro Cabula

Morri quantas vezes
na noite mais longa?

Na noite imóvel, a
mais longa e espessa,

morri quantas vezes
na noite calunga?

A noite não passa
e eu dentro dela

morrendo de novo
sem nome e de novo

morrendo a cada
outro rombo aberto

na musculatura
do que um dia eu fui.

Morri quantas vezes
na noite mais rubra?

Na noite calunga,
tão espessa e longa,

morri quantas vezes
na noite terrível?

A noite mais morte
e eu dentro dela

morrendo de novo
sem voz e outra vez

morria a cada
outra bala alojada

no fundo mais fundo
do que eu ainda sou

(a cada silêncio
de pedra e de cal

que despeja o branco
de sua indiferença

por cima da sombra
do que eu já não sou

nem serei nunca mais).
Morri quantas vezes

na noite calunga?
Na noite trevosa,

noite que não finda,
a noite oceano, pleno

vão de sangue,
morri quantas vezes

na noite terrível,
na noite calunga

do bairro Cabula?
Morri tantas vezes

mas nunca me matam
de uma vez por todas.

Meu sangue é semente
que o vento enraíza

no ventre da terra
e eu nasço de novo

e de novo e meu nome
é aquele que não morre

sem fazer da noite
não mais a silente

parceira da morte
mas a mãe que pare

filhos cor da noite
e zela por eles,

tal qual uma pantera
que mostra, na chispa

do olhar e no gume
das presas, o quanto

será capaz de fazer
se a mão da maldade

ao menos pensar
em perturbar o sono

da sua ninhada.
Morri tantas vezes

mas sempre renasço
ainda mais forte,

corajoso e belo
– só o que sei é ser.

Sou muitos, me espalho
pelo mundo afora

e pelo tempo adentro
de mim e sou tantos

que um dia eu faço
a vida viver.

Um dos muitos nomes dele

inteligência retinta
elegância

pelintra
negrícia felina

malícia
de bicho totêmico

novo
antiquíssimo griô afro-

futurista
todo mandinga

& ginga
e o mundo

inteiro guardado
num passo ancestre

mestressala
maravilha

contemporânea que vai
desde o largo do estácio

até a mais alta estrela
que brilha

sobre o atlântico
negro oceano

quando um dos muitos
nomes dele é ébano

Obá Kossô

Xangô, Obá Kossô, cobre
a cabeça com sua coroa de cobre

e chega, portando a pedra do raio:
tudo brilhando nele, tudo

mudado em segredo, todas as
loas para ele – elefante

que anda com porte de rei,
cavalo que manda e desmanda

como um rei, pantera preta,
senhor rei de Agasu – aganju

que bloqueia o rio e queima
a chuva com o raio.

Mamãe grande

todas
as águas do mundo são
Dela. fluem
refluem nos ritmos
Dela. tudo que vem.
que revém. todas
as águas
do mundo são
Dela.
fluem refluem
nos ritmos Dela.
tudo que
vem. que revém.
todas as águas
do mundo
são Dela. fluem
refluem
nos ritmos Dela. tudo
que vem.
que revém.

Continuação

Envelhecera. Antes, era
ouvir a voz sempre

em riste
da moral

e dar de
ombros.

Hoje, não. Mal
ela soa (às vezes

apontando para
ninguém) e ele

já retorna, rato,
ao seu

lugar entre
os escombros.

Casa

outra noite a pantera
meu pai: penetra
a parte
da casa para onde escapa
o menino – que
dorme –
mas sempre não
o alcança

Íris

A que revoa
de vez
desde as bordas do numinoso
para dentro
da luz da grande íris
que lhe
deu o destino
e o nome

A que já está
a esta hora
depois de atravessar
o longo rio do esquecimento
de volta aos braços
de Minemosyne
a musa da memória
e mãe das outras musas

A que
agora
se recorda de tudo
o que sabia que esquecia
quando até
de si mesma
esquecia
para ser sempre *e desde sempre*
e para sempre
a
mãe de filhos peixes *(=Iemanjá)*

a quem coube
fazer
da menor
rebrilhante
gota
de orvalho
na ponta verde da folha
o mais vasto mar

Ogum

Ele avança
e até a terra treme.
Ogum com suas
quatrocentas
mulheres
e seus mil
e quatrocentos filhos.
Alguém algum dia
falou enquanto
ele falasse?
Todos viram
os riscos
de corça
selvagem
que ele tem
na pele.
Toda aldeia
onde pisa
é um campo
de guerra.
Ogum mata
o rei e o povo
e aí acampa.
Ele abre estradas
por onde seus filhos passam.
Rei de Irê. Rei que ri
do ferro esturricando
o falo do macho e a xota
da fêmea.

Faz das cabeças
dos adultos
gongos
e usa as das crianças
como cabaças.
Ogum Iremojê
passeia com uma serpente
no pescoço.
Ogum Onirê, meu marido.
Alguém algum dia
ouviu sua voz suave?

O peixe não segura a mão de ninguém

O quarto é um peixe. Três não são peixes. São homens,
isto se vê. Nenhum dos três que não são peixes foi pescado

pelos demais. Desconfio que o peixe foi pescado por um
outro que não aparece na fotografia. Um homem. Com

uma câmera fotográfica. O peixe está morto. Não compreende
que foi fotografado, morto como parece estar. No tempo em

que foi batida a fotografia, todos, menos o peixe, estavam vivos.
O menor de todos ainda não fizera filhos em ninguém. Era,

ele próprio, filho. Um dos dois feitos por um dos outros dois.
Que também eram filhos. De pais que não apareciam na

fotografia. E que também eram pais de filhos fora da fotografia.
O que segura o peixe era pai do menino de quem o outro dos

dois mais velhos segurava a mão. O menor de todos (menor até
do que o peixe dado como morto, porque ostentado como um

troféu e suspenso por um anzol) tinha uma irmã. Mesmo não
aparecendo na fotografia, a irmã do menino era filha do que

segurava o peixe. Não se sabe se o peixe, que também era filho,
tinha filhos. Nem se o outro homem, o que segurava a mão do

filho do homem que segurava o peixe morto, tinha seus próprios
filhos, crescidos de sua própria porra. O peixe fora comido por

alguém que não aparece na fotografia. E por sua família. Não a do peixe, mas a de quem o fotografou. A família do pai que segurava o peixe não comeu nem a mais minúscula lasca do peixe. A família do outro homem, se é certo que ele tinha uma, tampouco provou do peixe. Dos quatro que aparecem na fotografia, nenhum sorri. Nem diz palavra. O peixe tem a boca aberta. A fotografia comprova o que se diz: que peixes morrem pela boca. As bocas dos três que não são peixes estão cerradas. Por elas não escorrem nem sorrisos nem palavras. São três bocas silenciosas. Três silêncios de ouro. Quatro, com o do peixe. Que está com a boca aberta. Cinco, com o do homem que fez a fotografia. A sombra dele se projeta sobre o corpo do homem que segura a mão do filho do homem que segura o peixe. O peixe, decerto porque está morto, não segura a mão de ninguém. Dos homens, o menor de todos é o único que escreverá um dia sobre o tempo longínquo em que se posava para fotografias com um peixe morto suspenso por um anzol. O peixe está alheio a tudo o que seu olhar morto já não é capaz de ver. Peixes não escrevem. A maioria dos homens também não. Alguns homens escrevem sobre peixes e homens que pescam peixes para exibi-los como troféus. Uma fotografia é uma forma de pescar pessoas, pensa o menino. Numa fotografia todos parecem mortos, pensará ainda o menino quando já for, não mais um menino, mas o pai de algum

menino ou de alguma menina. Um dos quatro na fotografia talvez
seja eu. Eu não sou o/um peixe. Ele, o peixe, já havia sido pescado

e exibido como um troféu naquele tempo. Eu não sou um troféu.
Nem sou os outros dois que aparecem na fotografia. Nem é minha a

sombra que repousa para sempre sobre o que parece ser o mais
velho dos que aparecem com nitidez na fotografia. E que nunca

serão totalmente peixes, mesmo depois de mortos. À mãe dos
filhos peixes, minha mãe, aprendi que só devo pedir, agora, quando

já não sou o menor de todos, o seguinte benefício: que peixe
morto algum se pareça comigo quando a morte vier me pescar.

Ogum sonha

Ogum sonha

algum

plano de paz

que antes

violentasse

todas as correntes

noções

de paz

Tempo

Que é do
tempo

que
vivemos,

ante o qual
é nada

todo o tempo
que ainda

não
vivemos?

Errata

Que é do
tempo

que ainda
não vivemos,

ante o qual
é nada

todo o
tempo

que
vivemos?

Nanã

Mãe sem marido,
avó do universo.
Senhora da alvura.
Nanã, a de rosto
sempre coberto.
Ó poderosa
dona dos cauris,
filha do grande pássaro Atioró.
Água.
Lama.
Morte.
Mãe do segredo
do mundo.
O úmido.
O que flui.
Água.
Lama.
Filhos.
Teus gestos
lentos
no fundo
da água escura.

Homens

Leonilson
pintava
e
bordava.

Bispo do Rosário
colecionava
delírios
e bordava.

Lampião
tocava o terror
no sertão
e bordava.

João Cândido
punha a República
no curé
e bordava.

Álbum de família

Meu pai viu *Casablanca* três vezes (duas no cinema e uma na TV). Meu avô trabalhou na boca da mina. Meu bisavô foi, no mínimo, escravo de confiança.

Rainha onça

Sou Elza.
Sou onça.

Canto
sem pedir
licença.

Sou onça.
Sou Elza.

Eu onço
desde
nascença.

Pedra

um chão de passos
perdidos   nada

feito: a mudez
da pedra que me

espelha de dentro
do seu sono
de pedra
ninguém veio eu

mesmo
aqui   ao abrigo

do tempo   sem
peso   tempo

quando
todo

pai é
distância

Cantiga de caminho

Sou filho de mãe mineira
meu pai é de Minas Gerais
sei rezar latim pro nobis
sou primo do preto Brás

Sou filho de pai mineiro
mamãe é de Minas Gerais
vou vivendo como vivo
faço o que ninguém mais faz

Desde menino eu misturo
o antes, o agora e o depois
sei somar zero com zero
e ainda divido por dois

Desde menino eu misturo
o antes, o agora e o depois
sempre que posso eu passo
o carro à frente dos bois

Sou filho de pai mineiro
mamãe é de Minas Gerais
sou rosa e pedra no caminho
sou capaz de guerra e paz

Sou filho de mãe mineira
meu pai é de Minas Gerais
dou volta e meia no mundo
e o mundo não acaba mais

Xangô

O que
lança pedras
de raio
contra a casa
do curioso
e congela
o olhar do
mentiroso.
Leopardo,
marido de Oiá.
Leopardo,
filho de Iemanjá.
Xangô cozinha
o inhame
com o vento
que sai
de suas ventas.
Dá um nome novo
ao muçulmi.
Ele fica vivo
quando pensam
que já está morto.
Orixá que mata
o primeiro
e mata
o vigésimo
quinto.
Xangô persegue
o cristão

com seu grito,
nuvem
que ensombra
um canto do céu.
Leopardo
de olhar coruscante,
não permitas
que a morte
me leve
um dia
antes.

Língua

era o meu
aquele

corpo transido
pela espera

vinte e nove
noites já e

apenas
o rumor de

uma para
mim incompreensível

mas
esplêndida língua

se formando
ainda

pode ser que se
decompondo

Teofagia

Aqui, eu –
consumada falha
de papai e mamãe:

meia ¾ (acho
que de menina),

uma palma
e uma folha
de papel na mão,

minutos depois
de deglutir

Deus, à guisa
de primeira
comunhão.

Nosso pai

Nosso Pai, sua última
farpa, a primeira. A

arma branca do que ele
não diz.

O Nunca.

Outros, o mesmo

Conheço vocês pelo cheiro

Conheço vocês
pelo cheiro,

pelas roupas,
pelos carros,

pelos anéis e,
é claro,

por seu amor
ao dinheiro.

Por seu amor
ao dinheiro

que algum
ancestral remoto

lhes deixou
como herança.

Conheço vocês
pelo cheiro.

Conheço vocês
pelo cheiro

e pelos cifrões
que adornam

esses olhos que
mal piscam

por seu amor
ao dinheiro.

Por seu amor
ao dinheiro

e a tudo que
nega a vida:

o hospício, a
cela, a fronteira.

Conheço vocês
pelo cheiro.

Conheço vocês
pelo cheiro

de peste e horror
que espalham

por onde andam
– conheço-os

por seu amor
ao dinheiro.

Por seu amor
ao dinheiro,

deus é um
pai tão sacana

que cobra por
seus milagres.

Conheço vocês
pelo cheiro.

Conheço vocês
pelo cheiro

mal disfarçado
de enxofre

que gruda em
tudo que tocam

por seu amor
ao dinheiro.

Por seu amor
ao dinheiro,

é com ódio
que replicam

ao riso, ao gozo,
à poesia.

Conheço vocês
pelo cheiro.

Conheço vocês
pelo cheiro.

Cheiro um e
cheirei todos

vocês que só
sobrevivem

por seu amor
ao dinheiro.

Por seu amor
ao dinheiro,

fazem até das
próprias filhas

moeda forte,
ouro puro.

Conheço vocês
pelo cheiro.

Conheço vocês
pelo cheiro

de cadáver
putrefato que,

no entanto,
ainda caminha

por seu amor
ao dinheiro.

Coisas

planospovospoemaspessoaspassos

p a i x õ e s

coisas já tão feitas

e depois desfeitas
e depois de depois

refeitas

sempre novas

porque imperfeitas

Perspectivismo

eu era felino

e não sabiá

Rosto

) Um rosto que só se pode ver como recusa
ao fardo que é ter um rosto (Um rosto que ninguém jamais

viu sem ter sido no mesmo instante tomado pelo puro horror)
Um rosto vazio (Sem voz)

Um rosto no vazio (Que se nutre da espuma
que a branca escuridão

de seu silêncio produz)
Um rosto confinado à ausência

de contornos que o define (
Um rosto indefinível)

Frio (Um rosto que escava sua própria superfície
noturna) Um rosto muito lento (Alheio

a tudo em seu entorno) Deserto por dentro (
Interrompido (Um rosto (O menor rosto (

O maior) Algo que poderia ser tomado
por um rosto caso alguém o visse de relance

numa tarde pluviosa (Um rosto
que se desdobra em muitos outros)

Um deserto frio que se assemelha a um rosto (Um
rosto que se descola de outro)

Um/o não-rosto (
Que a luz do sol não toca)

Que na direção de nenhum outro rosto
se volta (O mesmo outro

rosto da noite anterior)
O rosto mais estranho (Uma falsa impressão

de rosto
) O rosto possível, dadas as

circunstâncias (
Impossível como nunca ter tido

um
rosto)

Bispo do Rosário

quem fez e refez
cem vezes o

caminho do mundo
até antes

cem vezes na
cabeça o longo

trecho entre o
mar e o

céu
quem re fez o

caminho da perda
com seu manto

de
ver deusfilho

Autofagia

No mar de água morna
e sem ondas

da minha cama
de velho
puto

a punhetas relegado,
computo

as conas e os
cus que já
não como,

viro pro lado
e durmo regalado.

As únicas coisas

Existe entre as coisas.
Não ao

ponto de se dissolver
nelas. Existe como

a interrupção
de um movimento.

Existe.
Pode ser visível, pode

não ser.
Em nada

contribui para que
as coisas

se percebam
como o que são.

Isso que existe
entre elas.

Antes e depois delas.
Sem datas.

Entre a primeira
e a segunda coisa, deslizante.

Emprega toda
sua força

no gesto de existir
entre.

Existe e
faz supor que

por situar-se
entre duas coisas, tudo

se resume ao intervalo
entre elas.

As coisas.
As únicas coisas.

E um único intervalo entre elas.
Branco.

Um intervalo branco.
Uma interrupção brusca.

Algo que existe no tempo
entre uma coisa e outra.

Algo no espaço
entre uma coisa e outra.

Como alguém que habita esse espaço.
Sem distinguir uma

primeira coisa
de uma segunda, mesmo

vendo-a, com nitidez.
O fogo lento de existir

no intervalo da transformação
da coisa clara em coisa escura, da escura

em
clara,

e assim
sucessivamente.

Existe e ninguém vê
nem ouve isso

que existe.
Isto.

Quem faz o quê?

Morrer é com os vivos.
Chorar é com as nuvens.
Saber é com os livros.
Separar é com as margens.
Voar é com as pedras.
Pisar é com os pés.
Piscar é com as pálpebras.
Calar é com a voz.
Morder é com os dentes.
Durar é com o tempo.
Lembrar é com os elefantes.
Soprar é com o vento.
Ver é com os gatos.
Mascar é com as cabras.
Assustar é com os ratos.
Desdobrar-se é com as cobras.
Tatear é com os cegos.
Roer é com os esquilos.
Ouvir é com os morcegos.
Ouver é com os crocodilos.

Fora o corpo

Fora o corpo, o que
dissemos.

Desejo de ser um o outro.
Rentes à Morte, mas.

Explode o zero. Vivos.
O dardo de uma hipótese,

o mundo como nunca
o havíamos

visto antes.

Chuva

chuva que só ouve
o próprio timbre

de água
ao da voz sem som

da pedra
para sempre
misturado

O que vier eu traço

o que vier eu
traço. o que não
me vem eu
caço. e nem me
recinto: es
paço

Numa festa

Creio ter ouvido certo.
Alguém do grupo junto

à janela pronunciou,
enquanto eu observava,

apenas por fastio,
o deslizar de um peixe

amarelo no aquário, sozinho,
a palavra *sodomita*.

Nunca a ouvira antes.
Pareceu-me grave – naquele

lugar,
naquele instante e nos dias

seguintes –,
bíblica.

Outro, outra pessoa

Era visível que ela me tomava por outra
pessoa. Pediu: venha um pouco mais para

a luz. Aqui está bem?, perguntei. Aqui é
minha ilha, respondeu. Calei um sim,

parado sob o círculo de luz para onde ela
pedira que eu viesse. Já me sentia outro,

outra pessoa, embora ainda não soubesse
exatamente quem, que outra pessoa.

Ter escrito ainda não existe

Poética

C O N S T
R U I R
S O B R E
R U I N A S
C O N S T
R U I R
S O B R E
R U Í N A S
C O N S T
R U I R
S O B R E
R U I N A S
C O N S T
R U I R
S O B R E
R U I N A S
C O N S T

Paupéria revisitada

Putas, como os deuses,
vendem quando dão.
Poetas, não.
Policiais e pistoleiros
vendem segurança
(isto é, vingança ou proteção).
Poetas se gabam do limbo, do veto
do censor, do exílio, da vaia
e do *dinheiro não*).
Poesia é pão (para
o espírito, se diz), mas atenção:
o padeiro da esquina balofa
vive do que faz; o mais
fino poeta, não.
Poetas dão de graça
o ar de sua graça
(e ainda troçam
– na companhia das traças –
de tal "nobre condição").
Pastores e padres vendem
lotes no céu
a prestação.
Políticos compram &
(se) vendem
na primeira ocasião.
Poetas (posto que vivem
de brisa) fazem do *No, thanks*
seu refrão.

Sobre escrever

Escrever porque esta é,
sem sombra de dúvida,
a melhor hora
para escrever.

Não escrever porque esta,
verdade seja dita,
é a melhor época
para não escrever.

Escrever porque esta,
convenhamos,
não é a melhor ocasião
para escrever.

Não escrever porque este,
antes e acima de tudo,
é o melhor turno
para não escrever.

Escrever porque este,
só um cego não vê,
é o melhor tempo
para escrever.

Não escrever porque este,
apesar dos pesares,
é o melhor mês
para não escrever.

Escrever porque esta,
até segunda ordem,
não é a melhor noite
para escrever.

Não escrever porque este,
em última instância,
não é o melhor século
para não escrever.

Isso que não se cansa de nunca ter chegado

desistir de escrever se parece mais com escrever do que desejar ter escrito. desistir de escrever se parece mais com escrever do que com desejar ter escrito. não existe escrever muito ou pouco. nem escrever sempre. escrever só se parece de fato com escrever. escrever por dentro ou por fora, lento ou rápido, alto ou baixo, seco ou úmido? não existe. como não existe escrever menos ou mais, bastante, suficiente. escrever lembra o desejo de desaparecer. lembra um pouco, não muito. porque não existe desaparecer muito ou pouco. existe desejar desaparecer no que não se escreve a cada fração de segundo. existe o tempo de escrever – mas não o contrário disso. desejar ter desaparecido, não ter vindo, não existir. isso existe. existe desaparecer a cada palavra que se escreve. desejar nunca ter escrito não é o mesmo que desistir de escrever. existe o que se escreve – só o que se escreve, só porque se escreve. desejar escrever se parece mais com desejar ter vivido do que com viver. ter escrito ainda não existe. o instante em que efetivamente se desaparece jamais poderá ser escrito. existe a sombra do movimento da mão que se nega a escrever. e talvez exista isto: isso que não se cansa de nunca ter chegado.

Re:provérbio

quem nunca comeu farelos
aos porcos se misturando
que atire a primeira
pérola

Música mesmo

música
música mesmo
é milton
quem faz

só com
o som
que sai
da sua boca
ele toca
o oco
da vida
por dentro

do centro
da terra
até o breu
do céu
sem deus
que pesa
imenso
sobre nós

como se apenas
"palmilhasse
vagamente"
as estradas
deste mundo
com a voz

Verbo

Abolido o acaso destruidor,
retornou ao primeiro verbo,

cavou um abismo no azul
e, com a precisão de um

giro de estrelas, saltou, silhueta tigrina

insinuada nas nuvens.

Monstro

você não era para
ter vindo

e ainda não
parou de vir

mal entrou e já
vai uivos

de unhas não
vai meu nome

escorrendo da
boca sem

volta vai
sol a pino

em plena
noite

monstro alfabeto
composto

só de
aa

Confidência

Prefiro a paciente
proeza das traças,
meu rapaz,
aos versinhos
bem traçados
dos quais
te mostras capaz
(assépticos e sérios
como os de
ninguém mais).
Ah! Ler-te é
penetrar na paz
dos cemitérios.
Ainda respiras, mas
já se entreleem,
junto aos títulos
dos teus livros,
os dois precisos
vocábulos
("Aqui jaz")
com que, um dia,
te saudarão os vivos.

Neste código

NESTE CÓDIGO NESTA CULPA NESTE OLHO NESTA CÓLERA
NESTE DARDO NESTA FORMA NESTE ALVO NES
TA ALMA NESTA DANAÇÃO NESSE INFERNOCÉU NE
STA VIDA NESTE ÓCIO NESTA FARSA NESTE ÓPIO NESTA C
IDADE NESTA LÂMINA NESTE CORTE NESTE CORPO
NESTE DELITO NESTA LIRA DOS VINTE E CINCO ANOS NE
STE DELÍRIO INVENTADO
AGORA
NESTA PÁGINA

Passagens

vai ver o que

você ouviu

era mesmo

o rumor

das imagens

umas contra

as outras

umas rentes

às outras

umas dentro

das outras

umas

Não totalmente francesa

Soam
sob o silêncio
da noite da cidade
de Paris

A língua-fetiche
de Jeanne Duval
– a "Vênus negra"
de Baudelaire
a língua
dos poemas negros
de Tzara
a língua da ilha-litania
de Aimé Césaire

A língua-balafong
de Sèdar Senghor
a língua franca
de um Orfeu Negro
ou muitos
conforme ouvida
por Jean-Paul Sartre
a língua sem máscaras
brancas
de Frantz Fanon

A língua-música
sem vibrato
de Miles Davis

a língua toda sol
de Henri Salvador
a língua-sound system
do MC Solaar
a língua-exílio
de Richard Wright

a língua do canto-exílio
da Josephine Baker
figurada em fio de ferro
por Alexander Calder
a língua-duplo exílio
em terra estranha
de James Baldwin
a língua-zona de fronteira
de Patrick Chamoiseau
a língua dos três rios
que correm nas veias
de Léon-Gontran Damas
a língua errante
do caos-mundo
de Édouard Glissant

A língua da estrela
que brilhou uma só vez
de Depestre
a língua da estrela púrpura
de Rabearivelo
a língua dos pequenos
contos negros
também para crianças brancas
de Blaise Cendrars

A língua da *Marselhesa*
convertida em samba
por Clementina de Jesus
no Olympia
anterior à fadiga
de todas as línguas

A língua dos que
ninguém nunca ouve – não
totalmente francesa

Enquanto lido

quer coisa mais estranha
que um poema

enquanto nasce? enquanto
se contorce

desprovido de sentido?
enquanto pura pele

muito lisa e sem
memória? enquanto

ao mesmo tempo
excesso e falta?

enquanto vísceras
à mostra?

enquanto ar
ritmia?

enquanto riso
besta? enquanto

rua de mão dupla?
enquanto

beco sem saída?
enquanto rosto

informe?
enquanto afasia?

enquanto líquidos
no ventre?

enquanto visão
de vultos? enquanto

respiração
difícil? enquanto plena

hesitação?
enquanto impulso de

desistência? enquanto
vermelho sangue

aos jorros? enquanto placenta?
enquanto *rigor*

mortis? enquanto dia
claro?

enquanto noite adentro?
enquanto sem

futuro?
quer coisa

mais estranha
que um

poema enquanto
lido?

The ballad of John & João

the first second

o primeiro segundo

of the world

do mundo

according to john:

conforme joão:

silence

bimbom

Exílio

Escapar
da escola

e estender
ao mundo

meu
exílio.

Abrigar
em mim

mesmo
o mestre

e o
Emílio.

Loa para um dia a mais

I.

sem poder
quebrar a pedra

a água esculpe
na pedra

o que há de pedra
esquecido

no seu quem
próprio

de
água

2.

sem poder
deter a água

a pedra enfim
reconhece

no gesto
lento

e constante
da água

seu quem
de pedra

Angústia sem influências

Tenho em comum
com Camões

Bob Creeley & Joan
Brossa

(
"poeta buscão"
)

dois olhos

(
um que vê e
)
um que não

Estação Primeira de Manhattan

Curto-circuito agonia
ganindo na boca do dia
Jimi Hendrix diz
triste:
"Eu queria ser hélio
o gás mais leve que existe"

Num segundo
tudo voa
a névoa púrpura
o nada que soa

Corpo elétrico alegria
à solta lambendo a cria
Hélio Oiticica diz
no pé
de Mangueira a Manhattan:
"eis o meu parangolé"

Num segundo
o mundo gira
verde-rosa
é a razão que delira

Gaia ciência
é isso:
um pensamento
que dança
feliz

no meio do povo
seu samba
metaesquema novo

Teatro

tudo branco
ao redor

estático
teatro de

sombras
matéria de

que é
feita a

insônia
quem me

dera o ouro
de uma

noite sem
memória

Einstein remix

deus porq arde tasp
NaoJ ueNa usNa orqu
ogad osab oJog eNao
adoS esoM acar sabe
bLeF avoL abeS ogaF
arde eiPo acar uteb
usNa rque deus oLPo
oJog NaoS NaoJ rque
NaoS SNao porq esta
abeC Joga ueNa rdeu
huta basq osab SNao
rdeu uete eeNC Joga
paro NaoS SNao rque
uiMP abeP Joga NaoS
arPo erde SiNu abeM
rque rdeu capo atar
deus LiNh besa ogab
NaoJ apor Ltar ataL
ogaa queN deus haNa
Mare aosa NaoJ vaLP
orqu dard Mori bees
eNao eusN apor CoLh
sabe aoJo queN erde
aFuN game aosa usNa
oJog eNao deus oNgP
apoq sabe NaoJ orqu
uerP arri ogaP eNao
orqu scar iNgP sabe
reba gapa eNao eusN
terd cieN sabe aoJo
eusN ciaP espe gaxa
aoJo orqu rard drez

Travelling

p / Haroldo de Campos

trilhas lentas
caligrafios
brancoprateados
na parede branca
: pluvimanhã :
lesmas lesam o sol
a olhos vendo

Com o Espírito das Coisas dentro

Piedade criou o griot,
e é por ela que ele ainda vive.

Fez-se homem o Espírito das Coisas
e desatou a falar
uma língua linguagem estranha.

Tomado por louco, foi lançado ao mar,
onde um peixe o apanhou e o comeu e,
depois de comê-lo, foi, por seu turno, pescado
por um pescador, que o comeu
com o Espírito das Coisas dentro,
e este falou através de sua boca a mesma
língua linguagem estranha do começo.

Tomado por louco, o pescador foi
apedrejado e enterrado numa vala.

O vento do deserto descobriu
a vala e, lentamente, espalhou
restos do pescador sobre um caçador,
que, por também ter principiado
a falar a tal língua estranha linguagem,
foi morto e teve o seu corpo (reduzido
a um fino pó) misturado ao pó que voa
sem rumo ao sabor do vento
que varre o deserto.

Um homem que vivia de tanger uma corda
estendida sobre uma cabaça engoliu,
por acidente, alguns desses grãos: de sua boca
saiu uma estranha língua linguagem
tão bela, que todos, sem conterem suas lágrimas,
o deixaram viver, piedosos.

Piedade criou o griot,
e é por ela que ele ainda vive.

Palavrear

Minha mãe me deu ao mundo
e, sem ter mais o que me dar,

me ensinou a jogar palavra
no vento pra ela voar.

Dizia: “Filho, palavra
tem que saber como usar.

Aquilo é que nem remédio:
cura, mas pode matar.

Cuide de pedir licença,
antes de palavrear,

ao dono da fala, que é
quem pode lhe abençoar

e transformar sua língua
em flecha que chispa no ar

se o tempo for de guerra
e você for guerrear

ou em pétala de rosa
se o tempo for de amar.

Palavra é que nem veneno:
mata, mas pode curar.

Dedique a ela o cuidado
que se deve dedicar

às forças da natureza
(o bicho, a planta, o ar),

mesmo sabendo que a dita
foi feita pra se gastar,

que acaba uma, vem outra
e voa no seu lugar".

Ainda ontem, lá em casa,
me sentei pra conversar

com as minhas duas meninas
e desatei a lembrar

de casos que a minha mãe
se esmerava em contar

com luz de lua nos olhos
enquanto cozia o jantar.

Não era bem pelo assunto
que eu gostava de escutar

aquela voz que nasceu
com o dom de se desdobrar

em vozes de outras eras
que tornarão a pulsar

sempre que alguém, no vento,
uma palavra jogar.

Gostava era de ver
a voz dela inventar

mundos inteiros sem quase
nem parar pra respirar

e ganhar corpo e fazer
minha cabeça rodar

como roda, ainda hoje,
quando, pra me sustentar,

eu jogo palavra no vento
e fico vendo ela voar

(jogo palavra no vento
e fico vendo ela voar)

O poemanto: ensaio para escrever (com) o corpo

1

Sou, quando coloco sobre
meu corpo (negro)
o pedaço de pano (preto)
coberto por palavras grafadas
com tinta (branca)
ao qual dei o nome
de poemanto,
um performador.

2

Movendo-me ali,
na exiguidade espacial
das efêmeras formas escultóricas
produzidas pelas corpografias
que improviso,
tenho vivido situações que,
por ultrapassarem
a dimensão da performance
(como gênero artístico),
projetam-me numa zona
de percepções expandidas,
em nada semelhantes a
experiências vivenciadas
no cotidiano.

3

Como performador,
esforço-me para seguir
a única instrução
de que consigo me recordar
enquanto tento grafar com o corpo
no espaço: deixar para trás
os cadáveres, se não for possível
enterrá-los com dignidade,
ou incinerá-los
e espalhar suas cinzas ao vento.

4

Porque errar pela cena-mundo
com um cadáver às costas
é correr o risco de ceder
de vez à loucura
(Arthur Bispo do Rosário
bordou em um de seus estandartes:
"Todo louco tem um morto
que ele carrega nas costas.
O louco só fica bom quando
se livra do morto"), tantas são as vias
que se abrem tão logo começa
cada novo começo.

5

Abandonar o cadáver
de algum outro morto,
mas não a sombra

da minha própria morte,
que está ali onde estou,
está aqui e sempre comigo,
no tempo "saturado
de agoras" (Octavio Paz)
que é o da vida
em forma de arte.

6

As palavras escritas no poemanto
foram extraídas do meu poema
"Para uma eventual conversa sobre poesia
com o fiscal de rendas",
publicado em 2001
no meu terceiro livro, *Trívio*.

7

Há, aí, uma pequena perversão:
apesar de o poema
figurar o inventário, por meio de
associações sonoras, de minhas
únicas verdadeiras posses
("meus próprios olhos/
meus próprios ovos",
"meus próprios glóbulos/
meus próprios lóbulos"
etc.), todo o trabalho
foi confeccionado
por mãos alheias
– as das cantoras/atrizes

que integravam, em junho de 2000,
a primeira formação
da Sociedade Lira Eletrônica Black Maria,
que fundei e dirigi até 4 anos depois,
com o músico e ator Gil Amâncio.

8
Desde sua primeira utilização,
o poemanto – que só passou
a ter esse nome
de 2005 para cá – nunca foi lavado.
Cultivo o mito pessoal de que nele
se conservam as energias
do piso de cada lugar de força
(nem sempre performo em palcos)
em que "o usei".

9
Largar o poemanto pelo chão,
depois de rodopiar pela cena, equivale,
torno a dizer, a deixar para trás
o que possa haver
de morto grudado à segunda pele
em que ele se tornou para mim
naqueles instantes sem fim e sem começo,
naquele espaço sem bordas visíveis
constituído só por centros que,
mais e mais,
se (e me) descentram.

10

Não por acaso, Reynaldo Jimenez,
poeta peruano radicado na Argentina,
disse do poemanto,
que ele viu num pequeno vídeo
disponibilizado por mim na internet,
que aquela estranha fusão de sujeito-objeto
"por momentos es un devenir animal,
medusa, mantarraya..."

11

Com os parangolés de Hélio Oiticica,
aos quais tem sido frequentemente comparado,
o poemanto se relaciona apenas quanto ao fato
de que, sem um corpo que os vista
e evolua com eles, não constituem,
em si, obras de arte.

12

As evoluções que faço pela cena
quando coberto
pelo poemanto não aspiram
à condição de dança.
Embora não deixem de lançar
uma interrogação acerca
do que é, afinal, a dança. E sobre
quem pode dançar
(pergunta insistentemente repetida,
nas últimas décadas, por muitos daqueles
que têm a dança como ofício).

13

Não é, contudo, por cautela
ou modéstia, ou ambos
os sentimentos juntos,
que prefiro dar à presentificação
do meu corpo em cena
a denominação de corpografia.
É, antes, para frisar que, ainda aí,
é uma forma de escrita o que almejo.

14

O que quer que meu corpo escreva,
ou que se escreva/inscreva nele, será sempre
para leitura de um outro
tal possível escritura.
O poeta Chacal disse em algum lugar,
com respeitosa graça,
que o poemanto é um
"embrulho de gente letrada".

15

Com o corpo, sei que grafo lá onde
nenhum "onde" é mais (ou ainda) possível,
senão como imagem que se desfará
tão logo venha a ser percebida.
Tudo é texto, mesmo
que não de todo legível.
Tudo (em nós), afinal, é texto:
vide a sequência genômica.

16

Mas nem tudo é palavra.
Nem a palavra pode tudo.
Porque também somos imagem
(em ininterrupta, mas descontínua
movência): rastro de coisas i/móveis
que nenhum nome,
palavra nenhuma designa.
Porque já não há tempo.
Ou porque o tempo não existe.

17

Só por aí se pode tentar
"ler adequadamente"
o poemanto: em seu deslizar
(no limiar da legibilidade)
entre outras imagens/corpos
que se inter-relacionam na cena.

18

No poemanto, sob as temporalidades
em colisão que o atravessam,
a ideia de "obra" (ainda que "aberta",
para citar o conceito trabalhado
inicialmente por Haroldo de Campos,
em meados da década de 1960,
quase em paralelo
com o desenvolvimento
das teses de Umberto Eco
acerca do mesmo tema) é golpeada
por uma tão violenta

valorização do processo
que me vejo obrigado
a definir o que faço como
"obras permanentemente em obras".

19

E nem serei eu,
pseudo-oficiante
de um precário rito que sequer
se traduz em alguma
promessa de felicidade,
quem conseguirá,
só por força do modo
como opera, produzir os termos
de inteligibilidade
do poemanto: é àquele que outrora
se dava o nome de espectador
que cabe a talvez impossível proeza
de fazer do manto um poema.

20

Em Providence, EUA,
maio de 2007,
pessoas em busca
de seus lugares na plateia
passavam rentes à minha cabeça,
quase pisando-a,
quando eu era ainda só
um pedaço de pano preto,
quase invisível, largado no chão;
em Maceió, novembro

do ano seguinte,
lancei-me a certa altura
da performance
contra o fundo preto do palco,
no voo zonzo do giro
sobre meu próprio eixo,
sem ter a mínima ideia quanto
ao que me esperava
do outro lado
da frágil parede:
como não pretender
que os riscos
que efetivamente corro
ao habitar o poemanto
sejam compartilhados,
ao menos no plano simbólico,
por quem me vê e ouve?

21

O poemanto, o que sei
que ele é:
formas em (de)formação.
Em (lenta) dispersão.
Vide, novamente,
o mapa genômico.
Vide a vida.

22

O poemanto, observam
alguns dos “que sabem”,
lembra o rito dos Eguns.

Concordo em parte.
E aponto: num e noutro caso,
a morte desempenha
funções diferentes.

23

Elogio do excesso,
do desperdício,
da indistinção entre o sentido
e o não-sentido.
Passagem para zonas
ainda não mapeadas
da (minha) consciência.

24

Elogio da lentidão,
para citar o belo título
de um ensaio fundamental
do geógrafo-pensador
Milton Santos, o poemanto
é um modo de contestação
das velocidades
(nem todo evento
múltiplo e simultâneo
é necessariamente rápido)
que constituem o *espaçotempo*
da modernidade (e desse seu
rebento prematuro a que
se tem dado o nome de
pós-modernidade).

26

Está mais que visto:
o poemanto tem partes com Exu,
o embaralhador
de cartas sígnicas,
o que detém o controle sobre
"a infinita permutação
do que poderia ser"
(a frase, usada em outro
contexto, é de Paul D. Miller,
a.k.a. DJ Spooky
That Subliminal Kid,
um dos pensadores-artistas
mais originais do Black Atlantic).

27

O poemanto não é
um mapa genômico:
um mapa genômico
pode ser um poemanto.

Consolatio

quanta poesia
fiz enquanto não fazia
tanta poesia

O coração, meu limite

Um samba

Desfocado da imagem
dela, im-

possível
bela sambista,

atraves-
sado pela pergunta

que cruza a pista
da minha cabeça

em filigranas de porta-
estandarte

e repergunta
sem atravessar:

que tipo de samba
pode ser o dela?

Que samba
será

que ela sabe
sambar?

Grau zero

acho bonito quando uma mulher diz,
no leito, ao seu amado “pode fazer
o que quiser comigo”,

e ele entende, ainda que
com grande esforço, e aos poucos, o
pouco que há para ser entendido:

que fazer o que quiser
com aquela mulher, e só com ela,
aquela, agora a única

e nenhuma outra sobre a terra,
que ousa lhe dizer uma frase tão
arriscada e inóbvia, será

entregar-se a um jogo rápido,
mas sutil e necessário de perguntas
ao próprio corpo (o que você quer,

corpo? o que você, que agora
chamo, entre o desespero e
algo que talvez seja o grau zero

de alguma genuína alegria,
de meu corpo, pode querer
de um outro corpo que quer

você e eu tanto e tão
abertamente, que
dá a mim e a você o condão

de considerar todas as
hipóteses e, pelo menos
em tese, romper qualquer

limite?) ou não será
nada digno de
lembrança.

Búzio

seu meu corpo
e nele a vida
do seu corpo
todo à vida do
meu corpo

atada

meu seu corpo
que desde antes
da mais antiga
das horas
do amor se fez

morada

seu meu corpo
búzio aberto
em róseo rumor
de aurora
alma à pele

colada

meu seu corpo
lá onde escorre
a última a prima
substância
do mundo

o nada

Aqui

não, querida. aqui é a terra
firme da paixão, do amor difícil,
voraz, sem palavra que chegue,

do desejo de sol e de ar, do que
escorre da pele para a alma,

do que, mal o pressentimos,
escapa "sobre o dorso de um
peixe". o resto é que é literatura.

Algo pesado

Coração seco, palavra oca
reduzida a pedra cinza pó.

Círculo viscoso, nódoa,
algo pesado pole

o mapa do ar,
atado à linha turva

da montanha cada
vez mais longe.

Figuras de treva, rastros
de órbitas fora de órbita,

chagas de lepra à espreita,
vastos vazios de vida:

a Morte entregue à própria sorte.

Pouso

Tão lento quanto
possível agora
pousar o olhar
na parte acesa da rua
de onde
você surgirá agora
pela primeira
vez (ontem tempos
atrás amanhã
antes do sol que se agora)
como se
agora apenas
retornasse
para
(1) esta casa
(2) este corpo e
(3) a alegria
que sempre
agora
lembra
seu nome

Aquela

Reconhecer nas mulheres
sua divindade não

é a parte mais cifrada
do rito. Ensinam

antigas disciplinas que
basta reparar no modo

delas ocuparem o campo
de visão dos comuns

mortais, enquanto se
apossam da praça

(casualmente, como quem
apenas chega), para

ver aflorar, sob seus
passos sem pressa, mas

firmes, estrelas que cres-
cem até o negror do céu.

Deve-se, todavia (e esta,
sim, é, das partes do rito,

a mais difícil), distinguir,
dentre tais graças,

aquela à qual foi dado
frisar sua divina

condição desde dentro
do brando esvoaçar

de uma
saia branca

Vão

o nenhum peso
da mão do amor

se espalma na pele
da parte do corpo flor

entreaberta
e explode

dentro afora
até tocar o claro

o escuro vão da alma
o coração o corpo

todo e o que
ele pode

Brinde

se é como
dizes

que sejas
sempre a mais

bem fodida
de todas as fêmeas

sobre a terra
: fodida dos pés

à cabeça (
da nuca às pernas do umbigo

aos olhos dos dentes
ao grelo da fala às

rugas da testa à gala
das mãos às coxas dos

cabelos aos peitos
da língua às

orelhas do sangue
ao silêncio do céu da

boca aos cílios dos lábios
aos pelos da saliva às ancas do queixo

ao útero da bunda aos
braços do colo

aos cheiros do torso às
unhas do pescoço

ao buço do peso à pele
do nariz ao dorso

das sobrancelhas ao
cu dos gemidos aos poros dos ombros aos

cotovelos do hálito às
costas da boca à cona) da cabeça aos pés

ó deusa fodiona
que reinas

sob(re) mim
na minha cama

Voo noturno

O amor é lento,
se move (quase

imperceptivelmente)
dentro

da respiração
da gente

quando dorme
e enxerga

melhor bem
de perto.

Aparenta
ser da nossa

idade – todas
ou nenhuma.

É feito de lascas
de silêncio

e de passos inaptos
para a linha reta.

Mora longe, mas
para isso existe

o voo noturno
da primeira estrela

que eu vejo
e que você

também talvez veja
aí da sua janela.

Nos
incompleta.

Barraco

Aí eu peguei
e disse:

Daqui não
passo.

Já fiz papel
de Orfeu

que chega,
Eurídice.

Amor

alguém
que
quer
alguém
que
quer
alguém

Mulher livro

uma mulher nua
em pelo

que adormeceu sobre as páginas
do enorme livro

que lia na minha cama
uma mulher que parece ter entrado

nas páginas do livro
como quem entra no mar

tanto foi atraída pelo que leu
até ceder ao sono

uma mulher mar
uma mulher do mais

negro e revolto
mar dentro dela

uma mulher muito culta
uma mulher com segredos sem conta

uma mulher livro
que conversa com

as plantas os bichos a água o fogo
uma mulher planta uma

mulher bicho uma mulher água
uma mulher fogo

uma mulher que não conversa quando não quer
que conversa com os olhos

quando quer
exercitar os olhos que conversa com

as sobrancelhas
quando quer

demonstrar espanto que conversa com as mãos
o tempo todo uma mulher

que dorme
sobre as páginas de um livro

que apanhou na estante
enquanto eu esperava

sua volta da cozinha para o quarto
e começou a ler

em voz alta
uma frase qualquer

e outra e mais uma
até que enfim voltou

e sem tirar os olhos do livro
trocou a continuação da nossa bela feliz incansável foda

numa tarde quente
de dezembro

por umas frases lidas a esmo
e depois em silêncio uma mulher que dorme

esquecida de tudo o que já leu na vida
uma mulher com a cabeça oca

de pensamentos uma mulher que me impedirá
daqui até o fim do poema de pensar em nada além

do seu corpo livro que toco abro folheio de leve
já quase por inteiro por dentro

do mar sem fundo que é agora
o sonho do qual ela vai saindo

linda e como sempre
sem pressa.

Multidão nenhuma

Convivo muito bem com os cães da rua

Convivo muito bem com os cães da rua.
Me apraz o velho e bom modo de vida
que os faz, sem ter do que cuidar na vida,
medir distâncias de uma a outra rua.

Comparto com os cães o ar da rua.
Se um deles me dirige um riso cardo,
como quem dissesse "E aí, Ricardo?",
respondo-lhe: "Olá, irmão!". E a rua,

que até há pouco era só mais uma rua
por onde vadiavam um cão e um bardo
(cada um caçando, do seu jeito, a vida),

me obriga a distinguir, nela, o que é vida
real do que será, quem sabe, um tardo
sinal do quão são irreais o cão e a rua.

Labirinto

p / Sebastião Uchoa Leite

Conheço a cidade
como a sola do meu pé.

Espírito e corpo prontos
para evitar

outros humanos polícias
carros ônibus buracos

e dejetos na calçada
incorporo hoje o Sombra amanhã

o Homem In
visível sexta à noite

o perigoso Ninguém
e sigo.

Como os cegos
conheço o labirinto

por pisá-lo
por tê-lo

de cor na ponta dos pés
à maneira também do que

fazem uns poucos
com a bola

num futebol descalço
qualquer. Conheço a

cidade toda (a
mínima dobra retas cada borda

curvas) e nela – à
custa de me

perder – me
reconheço.

Qualquer voz

Agora, ali, era
muito antes.

Consegue imaginar
a voz da

moça de outro
dia, caída

na rua,
mas ainda respirando?

Coisas postam-se entre
elas mesmas, interrompidas.

Onde
começa e onde

termina o olhar?
Outro verbo

sem presente: morrer.
Eu não disse

lembrar – imaginar
foi o que eu disse.

Consegue? A voz dela,
alguma voz

que você nunca
ouviu, qualquer voz.

Antes de alguma
coisa, ali.

O olhar talvez
comece antes

das pálpebras
se abrirem.

E acaba?
Não acaba.

Lugar errado

nenhuma paisagem
lugar

errado
com o dobro das

dimensões originais
pode ser vista

de cima enquanto
cai

Mulher ao volante

Meu meio de transporte favorito: um automóvel (qualquer)
com uma mulher (qualquer) ao volante.

Porque veja: aconteça
o que acontecer o auto

continuará a ser como e o que é (qualquer)
– a mulher, não. Alguma coisa nela inteira se (e me) transforma

enquanto avançamos devagar
em busca da parte melhor da noite

alta, embora ela pareça a mesma
(outra) de sempre:

boas coxas
à mostra ao mínimo movimento

que faz subir a saia dois ou três dedos,
olhar atento

ao trânsito e ao modo como a olho
enquanto ouve

mais do que fala,
belo perfil que abole tudo o que não é ela

em torno dela, cabeça acompanhando
a cadência da música no rádio,

sobrancelha arqueada numa
freada brusca, repetição de um nome feio

dito entre dentes, mão com firmeza na minha perna esquerda,
coração fora do tempo sob a blusa

de que daqui a pouco
nenhum dos dois se lembrará para que serve.

A doença como metonímia

Trabalhadores da
St. John del Rey Mining
Company, em Nova Lima,

Minas, gabam-se

de sua origem
("mineiros duas vezes").
Mas descon-

fiam que viver
é para nada: morrem
cedo, antes de aprenderem,

p. ex., a soletrar pneumoultra-

microscopicossilicovulcanoconiose
(= silicose, simpli-
ficam os que ficam).

Máquina zero

Quarto dia: entendo que o q
ue preciso, se q

uero mesmo continuar a p
erambular com alguma chance de êxito p

or uma cidade (duas) como Berlim, é
de sapatos de largo fôlego. Caminho (penso e

nquanto caminho), permeável a t
udo: ao frio sol cortante, às crianças t

urcas com seu comércio informal de b
rinquedos usados, à b

eleza sem rumo da adolescente que (longas p
ernas abertas sobre um p

rosaico selim de bicicleta) c
avalga o c

omeço da tarde, aos grafites que “d
ariam belas fotos”, à *Topografia d*

o Terror, às ruínas, ao r
asta que me saúda (“R

asta!”) na Wilhelmstrasse, às l
ascas do Muro na vitrine da pequena l

oja, ao a
marelo-zoom do metrô a

pontando na curva a
ntes do teatro, à

História,

Fora da fotografia

cada primeira vez que vejo esta
unreal city toda sim e não é como

se não fosse o mesmo rio da outra
primeira vez o rio que ainda não

vi passar em minha vida inteira o
devir-rio o riocorrente que só se

vê uma primeira vez porque da
segunda já não tentamos adivinhá

-lo por julgar que o conhecemos
que somos parte dos seus fluxos

quando não somos para ele
mais do que mais um que quer fixar

seu átimo de espanto torpor terror
gozo alegria em palavras que ninguém

lerá como se lesse pela primeira vez
uma cidade e com isso a fizesse (no

tempo que dura uma estrofe) respirar
uma única vez fora da fotografia

Pampulha vista do ônibus

uma artemoderna
um poucobarroca
um mar de merda
e agua-
pés

Brasília vista de perto

assepsia cabocla
tão bauhaus
quanto barroca

Antiode: Belorizonte

Mote: A República acabou
com Canudos (Bello Monte)

e, para não dar na vista,
inventou Belo Horizonte,

a urbs positivista
do sonho de Augusto Comte.

"Se terra tem cu,
Belo Horizonte é o cu das terras,
Averno oculto
entre as serras,
onde o próprio Belzebu,

por certo, não escaparia
ao riso dissimulado,
ao insulto
disfarçado
de elogio, à vilania,

ao preconceito, à cobiça,
ao maldizer por ofício,
à caridade
por vício,
ao passadismo, à injustiça,

ao *cosmopaulistimo*,
doença senil da província,
à pachorra
vitalícia,
à inveja e ao comodismo.

Belzebu em Belorizonte
nem abanaria o rabo;
ei-lo:
um pobre-diabo
– iguais a ele há um monte

na Savassi, no São Bento,
na Serra, na Gameleira,
na Pampulha,
na Pedreira,
em Venda Nova, no Centro,

no Santo Antônio, à beira
do Arrudas, no Saudade,
na Praça
da Liberdade,
no Alto das Mangabeiras,
no Sion e na Pompeia,
na sede da Prefeitura,
na do Governo,
na Cúria,
na Câmara e na Assembleia.

Todos como se à espera
do dia em que chegarão
os bárbaros
(ou Dão Sebastião,
os Beatles ou a Besta-fera).

Cidade grande-sertão,
arrisco uma profecia:
Mais dia
ou menos dia,
sumirás dentro do chão.

E não restará mais nada,
além da lenda da terra
cujo nome
já encerra-
va a peta mais rematada

("Belo Horizonte? Onde?
Para quem? Quando?, pergunto.
Melhor mudar
de assunto,
pois que ninguém me responde).

Queridos dias difíceis

Eu, militante, me confesso

O que eu sei sobre a causa que me carcome
O tempo e os nervos é de orelhada. O que não
Sei não dou conta de procurar saber nem mesmo

Por alto. Discordo de tudo com veemência e estri-
Dência para não ter que refletir sobre o que ouço
Ou leio. Empáfia poderia ser o nome do país de

Onde eu nunca saí de todo. Trago de lá a mania
De andar olhando só para a frente (para trás?) &
Praticamente todas as solidões do mundo.

Dor

Isso. Mais um pouco. Não tanto. Agora.
Erga o pescoço. Devagar. Estufe o peito.

Solte os ombros.
Não. Respire fundo e vá soltando o ar junto

com os ombros. Isso. Abra um sorriso de canto
a canto

mesmo se a dor for muito forte.
Assim. Pense em sua cor preferida.

Nas outras cores que vieram se transformando
até que resultassem naquela cor

que é a sua preferida. Só sua. A sua cor.
Precisa se esforçar para manter no rosto

pelo menos uma expressão neutra.
É só prestar menos atenção em você.

Isso.
Não totalmente neutra.

Eu quis dizer ambígua.
E ria um pouco.

Você me entende?
Me entende mesmo?

Ninguém gosta de pensar
que é negligente com alguém

tão próximo
que demonstra sentir

uma grande dor.
Mostre às outras pessoas

que você está sendo bem cuidado.
Que elas cuidam tão bem de você

que nenhuma grande dor poderá jamais
perturbar seu sono

ou turvar o seu tempo de vida acordado.
Que você é como

a
cor preferida delas.

Entendeu o que eu disse?
Olhe mais para os lados, até quando

não houver nada nem ninguém
podendo ser visto.

Isso.
Precisa mostrar que é bem cuidado

pelas
pessoas.

Mas não que sabe se cuidar sozinho.
Isso, nunca.

Demora, não ache que é fácil.
Um dia você aprende.

Para evitar que elas se magoem.
Que pensem que você não precisa delas.

As outras pessoas.
Elas não suportariam,

você sabe.
Isso.

Você
precisa.

Trívio

vazio até o

fundo

crispado na

treva

mais um

dia des

liza para

dentro

de um

dos três

caminhos

sem volta

Devir

Atleta, fui,
pouco (fute-
bol).
Com os animais
(e só os domésticos:
cachorros
passarinhos
gatos),
convivo
por dever de ofício –
e mal,
para ser exato.
Talvez porque
não saiba mesmo
lidar com meu
"devir animal",
como insinuou,
noite dessas,
sibilante sapiente,
uma certa

moça-serpente.

Fábula

O desterrado anda
e sonha um reino
a cada passo
sob os pés
andançarilhos
sem nem fronteiras
nem lei

Parente dos antílopes
avança
em passo a passo
a passo
errante
de pés levíssimos

Aqui
mirando miragens
ali
empurrando
morro acima
a pedra grande
de outra fábula

O desterrado
veio e vem

no seu voo
sozinho

Os pés
caminhando

E veio e
vai

e vem e
vai e vem

vindo

Queridos dias difíceis

Queridos dias difíceis,
acho que já deu – embora

eu considere prematuro
um definitivo adeus.

Querendo, voltem. Minha
casa é de vocês. Agora,

pensem bem se será mesmo
saudável nos testarmos em

novos convívios tão longos
(também não sou fácil) como

foi desta vez. Menos mal se
vierem em grupos – tantos,

em tais e tais períodos do mês.
Topam correr o risco? Vão resistir

até o fim? Podem vir, eu insisto.
Mas contem primeiro até três.

Chamado cavalo

Cavalo que anda em pé
Cavalo que come em pé

Homem
Com alma
De cavalo

Homem-cavalo

À solta

Chamado cavalo
Que anda em pé

Chamado cavalo
Que come em pé

Inferno

sob um
silêncio pesado

demais para
a ventania sob a

pequena noite
vista da primeira

janela à
esquerda

sob a trilha de
estrelas novas

sob um
nome nunca

pronunciado sob um
trilo terrível

sob o
monstro re

– pior, o mundo –
animado

Monstra

tímpanos em tempo de estourar sob
o som da sirene que vermelha o céu da palestina,

o professor afirma não dispor de elementos suficientes
para se pronunciar sobre a nova chacina-

monstra ocorrida na favela
onde mora a menina

que vai à sua casa uma vez por
semana fazer a faxina

Geral

O jo
go é tão

sujo
e você

(entre
bis

onho
e

biz
arro)

torce
justo

para
o juiz?

Antiboi

a vida como, p. ex., um anti-
boi de parintins: (porque)
nada é caprichoso,
nada é

garantido.

Cabeça de serpente

a serpente morde a própria cauda. a serpente pensa que morde a própria cauda. a serpente apenas pensa que morde a própria cauda. a serpente morde a própria cauda que pensa. a serpente morde a própria cauda suspensa. a serpente pensa que a própria cauda morde. a serpente pensa com a própria cabeça. a serpente sonha que simula o próprio silvo. a serpente sonha ser outra serpente que simula o próprio sonho e silva. a serpente pensa e silva selva adentro. a serpente sonha que pensa e no sonho pensa que as serpentes sonham. a serpente pensa que sonha e no sonho pensa o que as serpentes pensam. a serpente morde sem pensar no que pode. a serpente pensa que morde a própria causa. a serpente pensa e morde em causa própria. a serpente pensa e morde apenas o que pensa. a serpente pensa que pensa e morde o que pensa. a serpente morde o que pensa e o que morde. a serpente pensa o que pensa a serpente. a serpente se pensa enquanto serpente. a serpente se pensa enquanto ser que pensa. a serpente pensa o que pensam as serpentes. a serpente morde o que pensa a serpente. a serpente morde o que mordem as serpentes. a serpente morde o que pode. a serpente pensa em se morder. a serpente morde sem pensar o que pode. a serpente morde sem pensar o que morde o que pode. a serpente morde o que morde. a serpente morde enquanto pode. a serpente pensa sem palavras. a serpente só não pensa a palavra serpente. a serpente só não morde a palavra serpente. a serpente pode o que pode sem palavras. a serpente morde o que pode sem medir palavras. a serpente mede de cabo a rabo a própria cabeça. a serpente emite a própria sentença. a serpente morde a própria cabeça.

New old criticism

para os amigos,
resenhas lauda-

tórias – de no máximo
duas laudas

com trinta linhas de setenta
e dois toques cada

para os outros,
releases e orelhas

vertidos para a
língua morta

dos jornais diários – ou o
silêncio, o limbo, o gelo, o nada

Minha linha

Que o dono da fala
nunca
permita que eu saia
da linha
a linha que
quanto mais torta
mais posso dizer
que é a minha

Sempre fui
meu próprio mestre
e é sem tristeza
que conto
que ainda não aprendi
nada
não me considero
pronto

Em matéria
tão complexa
quanto a arte
de entortar
a linha
que nem a morte
há de um dia
endireitar

A noite do que acaba

1.
Por último, a saúde
do que acaba.

2.
o que ouvíamos era apenas
a parte mais lenta e macia do que acaba.

3.
lembrar de nunca
tentar medir a sombra
curva
do que acaba.

4.
todas as coisas amarelas
soariam simultâneas
para o bicho que espreita
a noite do que acaba.

5.
raízes crescem
na superfície
do que acaba.

O QUE NÃO SE DIZ
E A PÁGINA EM BRANCO REJEITA

O CORAÇÃO AJEITA

E O CORPO ACEITA

FELIZ

COMO TUDO

O QUE NÃO SE DIZ

Jongo

O negócio é não
Se desculpar pelos transtornos

Não prometer
Um melhor atendimento

Nunca ser
Um bom negócio

Brancos

eles que são brancos e os que não são eles
que são machos e os que não são eles que
são adultos e os que não são eles que são
cristãos e os que não são eles que são
ricos e os que não são eles que são sãos e
os que não são todos os que são mas não
acham que são como os outros que se entendam
que se expliquem que se cuidem que se

Um ano entre os humanos

Você já sabe que pode, mediante exercícios diários, e sob condições especiais, tornar-se mais humano? Você beberia sangue humano? A filha da Madonna é humana? Pensa que um facínora humano saberia distinguir o sangue de uma barata do de um homem humano? De onde você extrai a certeza de que sua mãe é humana? A Barbie é humana? Você acreditaria se lhe dissessem que Michael Jackson, quando bebê, tinha feições humanas? O que faz de um humano, humano? Charles Darwin era humano? Você comeria carne humana? Seu médico é humano? Negros são humanos? Se você dispusesse de tempo e paciência bastantes para permanecer na fila de inscrição para um programa de autoclonagem financiado pelo governo, gostaria que seu clone tivesse quais de suas qualidades consideradas humanas? E quanto a se casar com um humano? Você acredita em humanos? Errar é humano? Acha que um ciborgue digno desse nome conseguiria viver mais de um ano entre os humanos? Os sonhos dos políticos são da mesma matéria de que são feitos os sonhos dos humanos? Aparelhos de TV podem, por sua própria vontade, imitar, com êxito, vozes humanas? Qual bicho ou máquina você gostaria de ser, caso não fosse humano? O corpo humano, para você, também é máquina? O Super-Homem é humano? Você, que acha que cachorros e computadores conectados à grande rede são os melhores amigos dos humanos, deixaria sua mulher ir ao cinema com seu cachorro ou com seu micro? Humanos que matam humanos são inumanos, desumanos, humanos-feras ou apenas demasiado humanos? E os que clonam humanos? Prisioneiros iraquianos arrastados por coleiras são humanos? Você faria filhos pós-humanos com um(a) ciborgue? Você aceitaria misturar seus hormônios humanos aos de um touro, para dessa forma assegurar a seus prováveis descendentes uma quota mais abundante de leite? Esse chip em seu cérebro ou sua alma imortal – o quê, no fim das contas, faz de você um humano? Você é humano?

Meu negro

Sou o que quer que você pense que um negro é. Você quase nunca pensa a respeito dos negros. Serei para sempre o que você quiser que um negro seja. Sou o seu negro. Nunca serei apenas o seu negro. Sou o meu negro antes de ser seu. Seu negro. Um negro é sempre o negro de alguém. Ou não é um negro, e sim um homem. Apenas um homem. Quando se diz que um homem é um negro o que se quer dizer é que ele é mais negro do que propriamente homem. Mas posso, ainda assim, ser um negro para você. Ser como você imagina que os negros são. Posso despejar sobre sua brancura a negrura que define um negro aos olhos de quem não é negro. O negro é uma invenção do branco. Supondo-se que aos brancos coube o papel de inventar tudo o que existe de bom no mundo, e que sou bom, eu fui inventado pelos brancos. Que me temem mais que aos outros brancos. Que temem e ao mesmo tempo desejam o meu corpo proibido. Que me escalpelariam pelo amor sem futuro que nutrem à minha negrura. Eu não nasci negro. Não sou negro todos os momentos do dia. Sou negro apenas quando querem que eu seja negro. Nos momentos em que não sou só negro sou alguém tão sem rumo quanto o mais sem rumo dos brancos. Eu não sou apenas o que você pensa que eu sou.

Grafia atualizada segundo o Acordo Ortográfico da Língua Portuguesa de 1990, que entrou em vigor no Brasil em 2009.

capa
Daniel Trench
preparação
Luiza C. Veiga
revisão
Ana Alvares
Valquíria Della Pozza

3ª reimpressão, 2024

Dados Internacionais de Catalogação na Publicação (CIP)

Aleixo, Ricardo (1960-)
Pesado demais para a ventania : antologia poética /
Ricardo Aleixo. — 1. ed. — São Paulo : Todavia, 2018.

ISBN 978-85-93828-66-9

1. Literatura brasileira. 2. Poesia contemporânea.
3. Lírica brasileira. 4. Antologias poéticas. I. Título.

CDD B869.1

Índice para catálogo sistemático:
1. Literatura brasileira : Poesia B869.1

Bruna Heller — Bibliotecária — CRB 10/2348

todavia
Rua Luís Anhaia, 44
05433.020 São Paulo SP
T. 55 11 3094 0500
www.todavialivros.com.br

fonte
Register*
papel
Pólen natural 80 g/m²
impressão
Geográfica

FSC
www.fsc.org
MISTO
Papel | Apoiando
o manejo florestal
responsável
FSC® C019498